Tout le Monde   Magnétiseur

PETIT MANUEL

d'Expérimentation Magnétique et Hypnotique

PAR

FERNAND GIROD

Lauréat de l'École Pratique de Magnétisme
et de la Société Magnétique de France
Secrétaire de la Société Internationale de Recherches Psychiques
et du Journal « La Vie Mystérieuse »

Prix : 2 francs

1912

ÉDITION DE « LA VIE MYSTÉRIEUSE »
174, Rue Saint-Jacques, 174
PARIS

Société Internationale ❋ ❋ ❋
❋ ❋ de Recherches Psychiques

Siège Central & Secrétariat Général :

174, Rue Saint-Jacques, PARIS-Vᵉ - Tél. 820-09

La Société Internationale de Recherches Psychiques est la plus puissamment organisée des sociétés du même ordre. Elle groupe sous son égide toutes les sommités du monde psychique ; elle est à la fois un centre d'études, d'initiation et de vulgarisation. Par sa subdivision en sections, elle met chacun à même d'étudier les manifestations du psychisme, et de pouvoir élucider les troublants mystères des Forces Inconnues.

La Société Internationale de Recherches Psychiques fait principalement des recherches expérimentales ; mais aussi elle centralise tous les travaux, tous les documents et tous les faits isolés qui peuvent être portés à sa connaissance. Elle contrôle toutes expériences psychiques, fait œuvre de vulgarisation par publications et conférences, et prend part à tous les congrès destinés au développement des sciences dont elle est la propagatrice.

Elle est divisée, ainsi que nous le disions en plusieurs sections dont les principales sont : une section Spirite, une section Magnétique, une section Hypnotique, une section Hermétique, etc. Chaque section est autonome et travaille sous la direction d'un président, et sous le contrôle du bureau administratif.

Les membres adhérents à la société participent selon leur gré aux travaux qui sont faits dans chaque section ; ils peuvent assister aux cours, aux expériences et conférences qui sont faites dans chacune d'elles.

Ils reçoivent gratuitement le journal la « Vie Mystérieuse », qui est l'organe de la société, et sont tenus au courant des travaux qui ont été faits tant dans le sein même qu'en dehors de la société.

Une bibliothèque est en formation, et une salle de lecture est mise spécialement à la disposition des sociétaires.

Vu : Le Président, FABIUS DE CHAMPVILLE

Toutes demandes de renseignements, adhésions et communications doivent être adressées à M. Fernand GIROD, Secrétaire Général de la S. I. R. P., 174, rue Saint-Jacques, Paris 5ᵉ.

Envoi des Statuts sur demande

Tout le Monde
Magnétiseur

PETIT MANUEL

d'Expérimentation Magnétique et Hypnotique

PAR

FERNAND GIROD

Lauréat de l'École Pratique de Magnétisme
et de la Société Magnétique de France

Secrétaire de la Société Internationale de Recherches Psychiques
et du Journal « La Vie Mystérieuse »

Prix : 2 francs

1912

ÉDITION DE « LA VIE MYSTÉRIEUSE »
174, Rue Saint-Jacques, 174
PARIS

Préambule

COUP D'ŒIL HISTORIQUE
ET DÉFINITION RAPIDE DE LA QUESTION

Il existe dans la nature une force particulière dont tous les êtres sont doués.

Tous les corps : minéraux, végétaux, animaux ; tous les agents de la nature : lumière, chaleur, son, électricité, mouvement, sont pourvus à un plus ou moins haut degré de cette force puissante en elle-même.

Cette force, dont l'analogie peut nous être représentée par l'action de l'aimant vis-à-vis de certains métaux : le fer, l'acier, le cobalt, peut agir semblablement sur tous les corps organisés mis en présence l'un de l'autre.

C'est l'homme qui, en sa qualité de maître de la création, possède le plus cette force en puissance. Elle est d'autant plus puissante et plus active qu'il peut la soumettre à l'action de sa volonté pour la diriger où il veut et à bon escient.

Cette force fut connue de toute antiquité. On retrouve la trace de sa connaissance et de son emploi chez tous les peuples et dans toutes les religions. C'est elle qui fut la base de tous les faits et de toutes les guérisons que l'on reconnaissait sous le vocable générique de miracles et que l'on trouve plus simple de nier aujourd'hui.

Les prêtres des anciens temples d'Égypte et de

Chaldée, aussi bien que les grands initiateurs : Moïse, Jésus, Bouddha et autres, aussi bien que les grands conquérants qui illustrèrent l'histoire, connurent ou soupçonnèrent l'existence de cette force et s'en servirent.

Les guérisseurs, les thaumaturges, les prophètes et les apôtres ; les extatiques et tous ceux qui, à travers les siècles, laissèrent passer derrière eux un souffle de mystérieux, procédèrent plus ou moins directement, avec ou sans connaissance de cause, de la force prestigieuse que nous étudions en ce moment.

Aour, Od, Esprit vital, Souffle de vie, Magnale et d'autres encore, furent les noms sous lesquels on désigna tour à tour à travers le temps ce que nous nommons aujourd'hui Magnétisme.

Le Magnétisme, en effet, n'est pas une invention des modernes, et nous n'avons esquissé ces quelques lignes rapides que pour permettre au lecteur de faire lui-même des rapprochements lorsqu'il sera bien en possession de cette science, malheureusement considérée encore à notre époque comme une hérésie.

Qui que vous soyez, étudiez-le sincèrement ; cherchez, soyez des esprits larges et indépendants. Etudiez et cherchez encore et quand vous aurez appris, et lorsque vous aurez parfaitement compris, vous serez en droit de parler, mais jusqu'à ce jour, soyez prudent dans vos dénégations.

Qu'on nous permette quelques lignes d'histoire, elles sont nécessaires pour la bonne compréhension de ce qui suivra, nous les ferons courtes et nous n'y reviendrons plus. Nous aborderons ensuite plus directement le positif, le plan des manifestations, l'expérience.

C'est à Mesmer, un médecin allemand du XVIIIe

siècle que nous devons la rénovation du Magnétisme
physiologique, du Magnétisme animal, ainsi qu'on
le nommait à son époque. C'est lui qui, en quelques
aphorismes et 27 propositions, exposa toute la théorie sur laquelle il étaya et sa renommée et la science
d'aujourd'hui.

On lui reprocha, on lui reproche encore, de n'a-
voir rien inventé et de s'être servi des travaux de ses
préd esseurs pour se tailler une gloire facile. La
chose est possible, elle paraît vraisemblable ; mais il
n'en est pas moins vrai qu'il eut au moins le mérite
de débarrasser le magnétisme de tout un fatras né-
buleux de formules occultes et incompréhensibles.
Et c'est de lui, vraisemblablement, que nous devons
prendre le point de départ de l'évolution actuelle du
magnétisme.

Nous savons aussi que Mesmer n'eut pas même
l'honneur du nom et que Paracelse, qui vécut quelques siècles avant lui et fut considéré à son époque
comme le père du magnétisme, lui avait donné ce
nom le premier ; mais, Paracelse, bien qu'il fût un
grand savant, un médecin de premier ordre, un
« occultiste » des plus profonds et des plus érudits,
eut peut-être le tort d'englober toutes les sciences
d'un seul coup ; il ne se spécialisa pas comme Mesmer et ne put, de ce fait, établir synthétiquement
une théorie du magnétisme comme le fit ce dernier.

Tant et si bien, que les magnétistes modernes
font partir l'histoire du magnétisme, établi sur des
bases rationnelles, du médecin viennois. Ceci nous
reporte au dernier tiers du XVIIIᵉ siècle.

Mesmer, à son temps, eut beaucoup de partisans,
d'élèves et de continuateurs. Nous ne parlerons pas
de ses ennemis qui furent également nombreux.

Ceux-ci ne peuvent nous intéresser en la circons-
tance. Parmi ses meilleurs continuateurs, nous devons citer Deslon, de Puységur qui découvrit offi-
ciellement le somnambulisme magnétique, Deleuze
qui était naturaliste et dont les travaux, tant dans sa
branche officielle que dans le domaine qui nous occupe, furent et sont encore très appréciés ; Pétetin
qui découvrit l'état de catalepsie chez les magnétisés, Delauzanne, Dalloz, Chardel. Puis un peu plus
tard et jusque vers les trois quarts du XIXe siècle,
nous rencontrons le baron du Potet, les magnétiseurs Lafontaine, Aubin Gauthier, Pigeaire, Teste,
Cahagnet, Ricard, qui firent grand bruit à leur époque, et cent autres dont les noms ne nous viennent
pas sous la plume, quoiqu'ils aient laissé la trace
impérissable de leur passage dans les annales du
magnétisme animal, physiologique ou humain.

Au milieu du XIXe siècle, en 1850 exactement, un
chirurgien anglais, nommé Braid, crut reconnaître
que les phénomènes dits magnétiques n'étaient pas
produits par une force particulière émanant de l'organisme, comme le prétendaient les partisans du
« Magnétisme », mais plutôt par l'influence indirecte
de l'opérateur sur le cerveau d'un sujet plus ou
moins impressionnable, ou par une fatigue des sens,
résultant d'une attention soutenue et prolongée.

Au lieu d'employer le regard pour endormir ses
sujets, comme certains magnétiseurs le faisaient à
cette époque — et entre autres Lafontaine qui sug-
géra sans le savoir l'idée de Braid — il usa d'un
objet métallique poli et brillant — sa lancette de
chirurgien — il eut la chance de tomber, dès la
première fois, sur deux sujets d'une extrême sensibilité et il parvint au même résultat que celui qu'il

avait vu obtenir au magnétiseur Lafontaine, c'est-à-dire au sommeil.

De là naquit le Braidisme qui, plus tard, devint l'Hypnotisme, lequel eut tout son retentissement vers 1878-1880 avec le docteur Charcot qui en fixa définitivement les lois.

Mai si l'hypnotisme a eu quelques échos, et s'il a encore à l'heure actuelle le droit de cité, il n'a pas pu détrôner le magnétisme qui, lui, et au moins autant que son jeune frère, est une vérité impérissable.

L'hypnotiseur ne diffère du magnétiseur que par la manière d'envisager les phénomènes et par la diversité des procédés employés.

Les hypnotiseurs ne voient, dans les phénomènes produits par eux, que des effets de suggestion et d'auto-suggestion, se basant sur l'émotivité plus ou moins grande des sujets en expérience, ce que d'autres appellent la malléabilité mentale, ou des actions mécaniques directes ou réflexes, selon le procédé en usage, produits sur les organes des sens.

Les magnétiseurs, sans nier la mise en jeu de ces facteurs, admettent l'existence d'une force spéciale agissant sur l'organisme par inhibition et qui, pour eux, est le grand facteur du phénomène.

A la vérité, nous aurons occasion de le voir, les deux facteurs, magnétisme et suggestion ou fatigue des sens, peuvent se tendre la main dans bien des cas, car ils peuvent produire semblablement des effets analogues. Mais, en fait, le magnétiseur qui tend à vouloir prouver qu'il existe réellement une force, un « fluide », comme disent certains, cherche, par tous les moyens possibles, à éviter l'emprise ou la mise en action du procédé suggestion, et il arrive à produire les phénomènes lors même que ce dernier facteur est totalement éliminé et ne peut pas être mis en cause.

Nous voyons donc, dans cette science qui étudie l'influence de l'être sur l'être, du semblable sur le semblable, et du soi sur soi, deux camps distincts que nous présenterons ainsi :

1° Hypnotiseur qui ne croit qu'à la fatigue des sens, à la suggestion ou à un travail particulier de l'imagination des personnes influencées, à la malléabilité mentale, et négateur à outrance de l'existence d'un principe quelconque, nerveux, magnétique ou radio-actif ;

2° Le magnétiseur, partisan convaincu de l'existence d'une force particulière, d'un principe propre à tous les corps et plus spécialement aux organismes vivants, principe ou force connus dès la plus haute antiquité, sous les différents vocables que nous avons donnés, appelé aujourd'hui magnétisme ou radio-activité humaine ou animale.

I

Premiers Éléments de Magnétisme Expérimental

Le Magnétiseur. — Ce qu'il doit être. — Qualités requises pour faire un bon opérateur. — Les hommes et les femmes peuvent également devenir magnétiseurs ou être magnétisés. — Les sujets d'expériences. — Sensibilité et sensitivité. — Moyens de reconnaître les sujets sensitifs. — Les procédés généraux sont de trois ordres : 1° Dans la conversation : goûts, couleurs préférées, caractère, tempérament des personnes sensibles à l'action magnétique; 2° Expériences indirectes ne nécessitant pas le consentement du sujet ; 3° Expériences directes : procédé des omoplates, procédé des lombes, procédé de la nuque, sensibilité des tempes, sensibilité du petit doigt.

En principe tous, hommes ou femmes, nous pouvons devenir magnétiseurs ou être magnétisés ; c'est-à-dire que tous nous pouvons donner ou recevoir la « Force Magnétique ». Cependant il est une certaine catégorie de gens qui sont plus disposés à donner, à rayonner, en un mot à devenir magnétiseurs. Tandis que d'autres sont plus spécialement organisés pour ressentir les effets du magnétisme. Ces derniers sont, pour cette raison, appelés des sujets ou sensitifs.

Cette « sensitivité », qu'il ne faut pas confondre avec la sensibilité, est indépendante de la volonté et n'est pas, comme on pourrait le supposer, l'apanage des personnes plus ou moins émotives ou nerveuses. On peut être d'un tempérament calme et froid et être sensible au plus haut point à l'action magnétique ; il est cependant bon de dire que les meilleurs sujets se recrutent dans une certaine classe de nerveux et de nerveuses.

Tous donc nous pouvons devenir magnétiseurs, les qualités pour cela sont peu nombreuses et relativement faciles à réaliser. La plus essentielle est d'abord la parfaite santé. Il faut que celui qui se destine à pratiquer le magnétisme soit exempt de toute tare physique et de maladie. Il ne s'ensuit pas, bien entendu, que celui qui possède une petite infirmité originelle ne puisse pas magnétiser du tout, nous voulons simplement entendre que les personnes atteintes d'une affection dont la présence leur est signifiée par une certaine souffrance doivent s'abstenir de diffuser la force dont elles n'ont pas trop pour elles-mêmes ; la maladie n'étant pas autre chose, à notre avis, qu'un déséquilibre des forces vitales. Dans le cas où un opérateur souffrant voudrait quand même magnétiser, il en résulterait un double inconvénient et pour l'opérateur qui, ne pouvant récupérer immédiatement est susceptible de perdre très rapidement ce qui lui reste de santé, et pour le sujet récepteur qui, pour employer une locution connue, ne recevrait pas de « bons fluides ».

Donc, qualité primordiale pour le magnétiseur : une bonne santé. Mais disons de suite que s'il ne s'agit que de tenter une expérience ou deux, point n'est besoin de faire tant attention à soi ; nous parlons ici pour quiconque veut se livrer d'une façon suivie à des recherches expérimentales ou à des applications thérapeutiques.

Disons aussi qu'il n'est pas besoin d'être grand et fort, ni de posséder des muscles bien rebondis pour devenir un excellent praticien ; toutefois il est préférable d'avoir une bonne constitution physique afin de n'être pas déprimé au moindre effort.

Au point de vue moral, ce qu'il faut avant tout, c'est une énergie, une ténacité et une volonté à toutes épreuves. Cette dernière qualité, la volonté, est le grand moteur de toutes les actions humaines et c'est surtout en magnétisme qu'on se trouve à même de le constater. Un bon magnétiseur sera celui qui, possédant en lui le germe des passions fortes saura les dominer sans jamais se laisser subjuguer par elles, dit Bué dans son traité de Magnétisme curatif, et nous sommes de cet avis. Il faut savoir et pouvoir diriger ses sensations et commander ses passions, afin de réaliser au mieux cet adage « Saches te commander toi-même avant de chercher à commander à autrui ». Non pas qu'il s'agisse positivement de dominer dans l'action de magnétiser, mais on a parfois besoin de faire appel à tout son sang-froid, à toute son énergie pour lutter contre certaines influences, principalement lorsqu'on s'occupe de magnétisme curatif, mais aussi pour parer à bien des éventualités qui se manifestent au cours de l'expérimentation.

LES SUJETS D'EXPERIENCES

Pour les sujets également, lorsqu'on se propose

de se livrer à des expériences pures et simples, il est nécessaire de prendre des personnes en bonne santé et, au cas où l'on rencontrerait une grande sensivité chez une personne malade, il faudrait, au préalable, s'occuper de sa santé en la lui rétablissant par les procédés spéciaux au magnétisme curatif (1). Les anémiques, les hystériques et les cardiaques (malades du cœur) par exemple devront être écartés de toute expérimentation. Sauf cela, hommes ou femmes, enfants, adultes ou vieillards, peuvent être soumis avec fruit à l'action bienfaisante du magnétisme.

Les femmes sont, en général, plus sensibles que les hommes ; les enfants plus que les adultes et ceuxci plus que les vieillards — le grand âge diminuant un tant soit peu la réceptivité — mais ceci n'a rien d'absolu. Nous pourrions ajouter à cela que la maladie augmente le degré de réceptivité. Une personne qui, à l'état d'équilibre parfait n'éprouverait aucun effet pourrait, étant malade, se sentir très rapidement soulagée par les procédés du magnétisme. C'est un peu pour cela qu'il vaut mieux faire des recherches expérimentales avec des personnes en bonne santé, et se contenter de redonner des forces à celles qui en ont besoin ; dans l'expérience, au lieu d'en recevoir, elles auraient tendance à en perdre davantage.

LES SENSITIFS

Si tous les êtres humains sont susceptibles d'être influencés par le magnétisme, il en est qui possèdent cette faculté à un très haut degré ; ce sont ceux-là les véritables « sensitifs ». Les sensitifs ne paraissent pas ressembler, quant aux goûts, au caractère, au tempérament intrinsèque et à la manière d'être, à la généralité des individus. Certaines choses sont par eux tenues en horreur, tandis que d'autres sont plus affectionnées qu'elles ne devraient. Certaines conditions ou état d'être leur plaisent, d'autres conditions changent notablement leur manière de voir. Nous allons analyser succinctement ces différentes caractéristiques ; elles figureront autant de points de contrôle que l'on pourra utiliser sans être obligé d'avoir recours à l'expérimentation directe.

La première anomalie se remarque chez un sensitif par le goût et la préférence des couleurs. Ainsi le bleu est sa couleur de prédilection, tandis qu'il exècre tout ce qui approche du jaune ; le blanc est encore assez bien vu alors que le rouge et le vert lui sont désagréables. Notre maître, Hector Durville, explique cela par la polarité des couleurs (voir ses ouvrages sur la Physique Magnétique).

Comme caractère bien personnel les sensitifs sont facilement irritables, leur tempérament est plutôt nerveux ou plus ou moins mitigé de nerveux ; sanguin-nerveux, lymphatico-nerveux, biblioso-nerveux. On rencontre la grande sensitivité de préférence chez les blonds, les châtains et les personnes de couleur de cheveux intermédiaire ; les bruns francs sont rarement de bons sujets. Les personnes aux yeux bleus, gris ou clairs sont plus sensibles que celles aux yeux très foncés ou noirs. Les femmes, dont le système nerveux est plus délicat et beaucoup plus subtil, font de bons sujets magnétiques ; tandis que les hommes font plus spécialement des sujets hypnotiques — les blonds fades, aux yeux clairs, notamment, sont tout à fait typiques pour cela.

Il est bien entendu que ces indications ne peuvent
être utiles qu'à ceux qui désirent faire de l'expérimentation, car, pour la thérapeutique, par exemple,
le degré de sensitivité est absolument secondaire ; les
personnes très sensitives ressentiront plus vite les
effets, elles seront susceptibles d'obtenir une guéri-
son plus prompte et voilà tout.

D'autres caractéristiques distinguant les grands
sensitifs sont les suivantes — ce d'après les travaux
de Durville père et les nôtres. — Ils préfèrent tout ce
qui, dans la nature, est classé comme éléments positifs et sont mal influencés par ce qui revêt un aspect
négatif, ainsi : Ils aiment mieux le jour que la nuit,
préfèrent le soleil à la lune, le ciel à la terre, ce qui
est en haut à ce qui est en bas, le bruit au silence,
etc., etc.

Au point de vue intellectuel et moral, on trouve
de bons sujets dans toutes les classes de la société
et à tous les degrés de l'échelle des intelligences.
Toutefois, les dégénérés, les enfants arriérés, les
idiots et les aliénés sont plus difficiles à influencer
magnétiquement, il est presqu'impossible de les
hypnotiser.

EXPERIENCES INDIRECTES

A part ces différentes considérations pouvant révéler dans quelque mesure un degré de sensitivité
particulière, on peut s'assurer d'une façon plus sé-
vère de cette aptitude à être influencé en utilisant ce
que nous appelons les expériences indirectes. En
voici quelques-unes que l'on pourra essayer sur qui
que ce soit et en n'importe quel lieu :

Les sujets sensitifs n'aiment pas qu'on les re-
garde dans les yeux, cela les gêne énormément. Si

vous regardez un instant tout simplement et sans fixité une personne chez qui vous avez reconnu certains symptômes parmi ceux que nous avons indiqués, vous ne tarderez pas à les voir détourner le regard et à s'éloigner de vous si elles le peuvent.

Le phénomène qui se passe là est fort compréhensible. Les yeux laissent échapper une grande quantité d'effluves magnétiques et comme, par le fait de regarder, vous projetez cette émanation vers un autre courant d'effluves, vous produisez une sorte de choc qui, poursuivi pendant un peu de temps, pourrait déterminer l'hypnose.

Voici donc un premier fait. Disons de suite que nous ne conseillons pas d'insister trop longuement · lorsqu'on s'aperçoit qu'une personne ne peut supporter l'éclat des yeux, il vaut mieux s'en tenir là et tâcher, si possible, de se livrer à d'autres expériences.

AUTRE FAIT

Les sensitifs n'aiment pas les serrements de mains ; ils sont peu friands de la traditionnelle poignée de mains. Quand on la leur donne, comme cela se fait d'ordinaire pour souhaiter le bonjour, si on la fait durer un instant, on a de suite l'impression que cela les gêne et qu'ils font lentement des efforts pour se délivrer de l'étreinte qu'ils ne peuvent supporter, si douce soit-elle.

L'explication ici est encore toute simple. La main, qui est l'organe de préhension, est aussi un organe transmetteur par excellence du « fluide magnétique ». Or donc, en tenant la main d'une personne sensitive, non seulement on établit un courant particulier de soi à elle, mais aussi, étant donné que l'on

a affaire à un instrument récepteur qui, sitôt qu'il
entre en contact avec une source d'effluves s'en
charge, on produit en insistant une saturation qui
indispose.

ENCORE UN AUTRE FAIT

Nous avons vu quelle pouvait être l'influence du
regard. Eh bien, au lieu de nous en servir directement pour fasciner, utilisons cette puissance d'action
sur une personne vue de dos, et, pour cela, plaçons-
nous à un mètre, un mètre cinquante ou plus derrière celle que nous avons choisie pour être soumise
à l'action des yeux ; dirigeons alors notre regard
avec une certaine énergie vers le milieu du dos, sur
la colonne vertébrale, à la hauteur des omoplates ou
mieux encore sur la nuque, près du cou et à la base
du cervelet. Fixons ainsi quelques instants le même
point. Si l'on a vraiment en face de soi un sujet délicat, celui-ci ne tardera pas à éprouver comme un
frissonnement de la partie supérieure du corps, en
même temps qu'il pourra se sentir attiré malgré lui
et détournera la tête pour chercher d'où lui vient
cette influence qu'il ne s'explique pas.

EXPERIENCES DIRECTES
L'ATTRACTION AUX ÉPAULES

Si l'on désire maintenant aborder résolument l'expérience directe en demandant le consentement du
sujet de son choix ; que nous ayons trouvé ou non
les symptômes précédemment décrits, comme nous
avons insisté sur ce fait que tous les caractères dis-
tinctifs signalés ne sont pas absolus, voici une expérience qui sera décisive et nous indiquera sur l'heure
ce que nous devons attendre de la personne qui y

sera soumise. Cette expérience est basée, comme pour l'essai de tout à l'heure, sur une sensibilité particulière de la région supérieure du dos ; elle s'appelle « l'Attraction aux épaules » et elle fut expérimentée la première fois par le docteur Moutin, qui a exposé dans sa thèse de doctorat ayant pour titre *Le Diagnostic de la Suggestibilité*, la façon toute fortuite avec laquelle il a découvert ce point « magnétique ». Le magnétiseur Du Potet avait déjà reconnu cette sensibilité et il expérimentait parfois en se tenant dos à dos, omoplates contre omoplates, avec les personnes à qui il voulait démontrer le phénomène de l'attraction magnétique. Quoi qu'il en soit, voici la manière de conduire l'expérience de « l'Attraction aux épaules », d'après la méthode Moutin :

Priez la personne qui se soumet à l'expérience de se tenir debout devant vous, le dos tourné de votre côté, les pieds réunis, les bras tombant naturellement le long du corps, et faites la regarder devant elle, ou mieux faites lui fermer les yeux pour obtenir d'elle une plus grande passivité. Placez-vous à environ cinquante centimètres derrière et appliquez vos mains sans nervosité, sans raideur non plus et bien à plat sur chacune des omoplates. Restez ainsi quelques minutes, après lesquelles vous vous informerez des sensations éprouvées. Si l'on vous accuse une certaine chaleur à l'endroit où sont placées vos mains, demeurez un instant encore ; la chaleur augmentera et le sujet vous traduisant cette impression, retirez lentement et horizontalement vos mains, en leur conservant la position à plat, les doigts dirigés vers le ciel, jusqu'à environ une dizaine de centimètres ; vous vous apercevrez alors que le sujet suit votre déplacement ; il se sent attiré vers vous, et il le

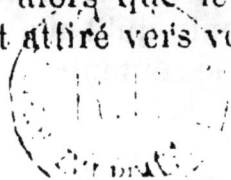

sera d'autant plus violemment qu'il sera plus sensible.

Ceci est une expérience type, ne comptez pas obtenir le sommeil ou d'autres expériences plus compliquées avec une personne sur qui vous ne l'aurez pas réussie.

LE PROCEDE DE LA NUQUE

Nous allons indiquer là une expérience qui réussit parfois mieux encore sur certains. Mais disons à l'élève que si l'on a convenu avec soi-même d'essayer un procédé, il est important de le conduire jusqu'à résultat complet. Si, passé cinq minutes, on n'avait rien obtenu avec le premier procédé, avant d'abandonner totalement le sujet, essayons le suivant :

La personne étant debout, dans la même position que pour l'expérience précédente, placez-vous à sa gauche ; appliquez votre main droite sur son cervelet (sommet du cou) et présentez votre main gauche en avant d'elle, au-dessus de la tête, à environ quinze centimètres du front. Restez ainsi un moment puis retirez, toujours lentement, votre main de la nuque pendant que du même coup vous approchez progressivement votre main gauche du front. Après quelques efforts le sujet se sentira tomber en arrière et fera un pas pour se rétablir en équilibre. On peut, pour éviter que l'expérience soit considérée comme le résultat d'une suggestion du geste, faire bander les yeux du sujet ; le phénomène sera le même dès l'instant que l'on aura affaire à un sensitif.

Nous recommandons de faire bien attention, au cas où l'on se trouverait en face d'un grand sensitif de ne pas le laisser tomber à terre. Il faut du reste le prévenir qu'il n'a rien à redouter et que l'on est là pour le soutenir.

PROCEDE DES LOMBES

Les lombes sont la partie du dos que l'on appelle communément les reins ; cette partie du corps est parfois d'une extrême sensibilité chez les femmes : on emploiera donc le procédé des lombes de préférence sur celles-ci, si les autres procédés n'ont rien donné.

Pour conduire l'expérience l'opérateur se placera dans la même position que pour l'attraction aux épaules et répètera la même manœuvre. Si aucune de ces méthodes n'a donné de résultat, nous conseillerons d'abandonner momentanément le sujet. Mais on pourra faire une nouvelle tentative un autre jour, car les résultats positifs tiennent assez souvent à une disposition particulière tant de l'opérateur que du sujet : disposition physiologique, disposition sympathique, conditions atmosphériques ou autres.

SENSIBILITE DES TEMPES

Nous allons donner un ou deux procédés encore afin de permettre la variation à l'opérateur qui, disposant de plusieurs personnes de bonne volonté, ne voudrait pas que certaines accusent, pour lui faire plaisir, les mêmes sensations que les premières qu'il expérimentera.

Se plaçant en avant du sujet, lequel devra toujours occuper la position passive décrite dans la première expérience, on appliquera les doigts bien à plat sur chacune de ses tempes et on les y laissera un petit moment, après quoi on les retirera lentement dans un mouvement horizontal et en avant. La personne sensible viendra alors choir dans les bras de l'expérimentateur ; rétablissons-la en équilibre et conservons un œil sur elle, car il s'agit encore d'un sujet de bonne sensitivité.

ATTRACTION DU PETIT DOIGT

Dans les mêmes conditions expérimentales, prenons la main droite du sujet, appliquons-la sur notre main gauche ; recommandons au sujet de tenir ses doigts serrés l'un contre l'autre et, avec votre main droite dirigée à distance vers son petit doigt, opérons un déplacement très lent, comme si nous voulions tirer son petit doigt avec un fil. Le petit doigt qui suivra la main de l'opérateur appartiendra encore à une personne susceptible de produire d'autres phénomènes magnétiques.

II

Comment conduire quelques Expériences de Magnétisme

Les expériences de magnétisme à l'état de veille. — L'attraction à distance. — Impression de recul. — La marche entravée. — Action à distance à travers les corps opaques. — Agenouillement forcé. — Immobilisation à genoux. — Obliger un sujet à s'asseoir. — L'immobiliser dans cette position. — Provoquer la paralysie du bras. — Le dos à dos de Du Potet. — Comment provoquer la paralysie d'une jambe, etc.

L'ETAT DE VEILLE

On nomme « veille » l'état dans lequel se trouve toute personne qui possède le contrôle de ses actes, voit ce qu'elle fait et en a parfaitement conscience — exception est faite, bien entendu, pour les idiots, les fous et les individus qui se trouvent dans un état momentané de dépression physiologique ou sous l'empire de l'alcool par exemple ; ceux-là n'ont pas toujours en effet le contrôle de leurs actes, mais nous ne voulons parler que des personnes normales, équilibrées. Nous travaillons, nous marchons, nous sommes à l'état de « veille ». C'est l'état ordinaire de la vie, lequel n'est généralement interrompu que par le sommeil naturel.

Ce n'est pas sans raison que nous nous appesantissons sur cette petite description, car, dans les phénomènes du magnétisme et de l'hypnotisme, lorsqu'on aborde l'étude du sommeil provoqué, il est souvent question de tels ou tels états cataleptiques, somnambuliques ou autres, et l'on met alors en parallèle le mot « état de veille » ; cela peut donc prêter à confusion pour les personnes non intiées à ces différentes appellations.

Les expériences recommandées dans ce chapitre peuvent et doivent se faire sur des personnes entièrement éveillées. Au début, il sera utile de ne pas prévenir le sujet de ce que l'on va faire, de façon à se pouvoir mieux rendre compte de l'existence réelle de la force magnétique.

Quand on aura reconnu un sujet, soit par les quelques essais indiqués dans notre chapitre précédent, soit par les symptômes spéciaux par lesquels on reconnaît à première impression une personne sensitive, on pourra se livrer à toute une série de recherches intéressantes sur l'influence du magnétisme, de l'hypnotisme et de la suggestion que nous aurons occasion d'étudier dans un prochain chapitre.

En principe, on ne devra expérimenter avec une personne nouvelle qu'après avoir fait et réussi une expérience préliminaire, soit l'attraction aux épaules, l'attraction à la nuque, aux lombes ou toute autre.

L'ATTRACTION A DISTANCE

Vous venez, nous supposons, d'obtenir la chute en arrière de votre sujet par l'application et le retrait des mains aux omoplates. Prenez-le maintenant à distance, un mètre cinquante à deux mètres environ ; placez vos mains dans la même position, verticales et bien ouvertes, laissez-les un instant immobiles, puis retirez-vous lentement en faisant le geste d'attirer à vous. Votre sujet ne tardera pas, malgré votre éloignement, à sentir une irrésistible attraction. Prévenez-le qu'il n'a rien à craindre d'une chute, et continuez vos gestes attractifs ; reculez vous-même davantage ; votre sujet vous suivra, et cela aussi loin et tant que vous le désirerez.

ATTRACTION A TRAVERS LES CORPS OPAQUES

Vous pouvez faire la même expérience en vous plaçant dans une pièce voisine, derrière une porte ou même un mur, le phénomène se produira de semblable façon au grand étonnement des spectateurs de cette scène.

L'explication de ceci peut nous être donnée par ce fait, prouvé par d'autres expériences encore, que les rayons magnétiques traversent la plupart des corps sans perdre pour ainsi dire de leur puissance. Le baron Du Potet fit, à ce propos, en 1820, il y a plus de quatre-vingt-dix ans de cela, des essais très probants à l'Hôtel-Dieu de Paris, devant une commission de docteurs. (Voir son ouvrage : *Expériences publiques faites à l'Hôtel-Dieu en 1820*, in-8°, Paris, 1821.)

IMPRESSION DE RECUL

Votre sujet, ainsi soumis à l'action de votre force magnétique, pourra exécuter, non seulement tous les phénomènes d'attraction du même ordre, mais vous pourrez aussi, avec à peu de chose près la même facilité, obtenir son éloignement à votre volonté. Pour cela il sera nécessaire que vous concentriez bien votre pensée sur l'effet à produire, non pas que votre volonté agisse très directement par elle-même sur le sujet de vos expériences, mais parce que cette concentration aidera beaucoup à la projection de votre « force magnétique », car là il faut projeter et non plus prendre comme dans les essais qui précèdent.

Vous vous trouvez à distance : un mètre cinquante ou plus ; placez vos mains dans la position de tout à l'heure, et faites doucement le geste de repousser en avant comme si vous vouliez forcer le sujet à marcher ; baissez graduellement les mains jusqu'à la hauteur des reins en continaunt votre geste d'éloignement ; le sujet se sentira repoussé en avant de vous et fera un pas pour rétablir son équilibre, vous aurez vaincu.

LA MARCHE ENTRAVEE

Voilà encore une expérience fort curieuse qui ne laisse pas que d'étonner grandement les personnes qui la voient faire.

Faites marcher lentement le sujet de vos expériences précédentes ; dites-lui simplement de vous rendre compte de ses impressions. Lorsqu'il marche, vous trouvant placé à quelques mètres de lui, projetez violemment vos mains en avant, les paumes à hauteur des épaules ou des reins, selon le point reconnu le plus sensible, et attirez à vous. Le sujet sentira immédiatement votre influence et, comme il marche, il s'arrêtera d'un coup, cloué sur place. Cessez sur ce fait vos mouvements, l'expérience est réussie.

AGENOUILLEMENT FORCE

Le sujet étant debout, placez votre main droite

bien appliquée au bas de la colonne vertébrale, sur la région appelée sacrum, restez ainsi un bon moment, imprimez à vos doigts un petit mouvement vibratoire. Le sujet sentant un engourdissement progressif l'envahir dans la partie inférieure du corps, présentez votre main gauche en avant des genoux et faites le geste d'attirer vers la terre ; la flexion aura lieu sans résistance.

IMMOBILISATION DANS LA POSITION A GENOUX

Ce résultat obtenu, vous pouvez immobiliser dans la position en prolongeant l'action de la main droite sur les reins.

COUCHE A PLAT

Vous pouvez également obliger le sujet à s'étendre complètement à terre en lui présentant votre main au front et en inclinant petit à petit vers le bas.

OBLIGER UN SUJET A S'ASSEOIR
CONTRE SA VOLONTE

Placez-le debout devant un siège, présentez votre main droite, les doigts dirigés en pointe, à environ dix centimètres du corps, à la partie basse de l'estomac, en une région où se trouve une importante ramification nerveuse appelée « plexus solaire », abaissez très lentement la main jusqu'à la partie inférieure du tronc ; revenez au point de départ et répétez plusieurs fois cette manœuvre. Aidez-vous au besoin de l'action du regard vers le plexus et pensez avec énergie cette formule « asseyez-vous » ; vous vaincrez en peu de temps la résistance du sujet.

IMMOBILISER DANS LA POSITION ASSISE

Vous pouvez avec la même aisance, en poursui-
vant l'expérience, empêcher le sujet de se lever seul.

DU DEGAGEMENT

Après chacune de ces tentatives, il est bon pour
« rompre le charme » et faire cesser toute action, de
« dégager » les sujets. Pour cela, on exécutera avec
les deux mains des « passes transversales » sur les
parties actionnées. Ces passes consistent en un mouvement de va-et-vient analogue à celui que l'on fait
pour s'éventer ; elles sont pratiquées, ainsi que leur
désignation le dit, en travers du corps. On accompa-
gnera cette manœuvre de souffle froid énergique sur
les endroits magnétisés ; le souffle froid doit se pratiquer à distance : il se fait comme si l'on voulait
souffler très rapidement une quantité de bougies
placées les unes à côté des autres.

Si on a l'intention de ne plus faire aucune expérience avec une personne donnée, avant de la libérer,
il ne faudra pas omettre ce point capital « le dégagement », et, pour compléter celui-ci, on fera bien
d'y joindre un effleurage plusieurs fois répété de tout
le corps. Pour pratiquer l'effleurage de dégagement
on fera asseoir le sujet et, partant des épaules, on
laissera glisser les mains par-dessus les vêtements
jusqu'aux extrémités des doigts, comme si l'on bros-
sait la poussière sur un habit de velours ; on en fera
autant sur les cuisses, en prolongeant jusqu'au bas
des jambes ; puis on fera de même pour le dos, et
l'on terminera en dégageant la tête par une petite
application de la main gauche sur le front et du souf-

fle froid sur les yeux, en prenant la racine du nez comme objectif.

LA LEVITATION DES MAINS

La personne, sujet de vos expériences, étant assise et ses mains reposant naturellement sur ses genoux, asseyez-vous face à elle et appliquez vos mains sur la partie dorsale des siennes ; demeurez ainsi un instant, quelques minutes, puis retirez lentement vos mains en les élevant verticalement. Les mains d'un bon sensitif devront suivre celles de l'opérateur.

LE DOS A DOS DE DU POTET

Voici une expérience, basée également sur la sensibilité des omoplates, et qui réussit presque toujours avec une personne quelque peu sensitive ; le sujet étant dans la position debout, et dans ce même état de relâchement que nous recommandons au début, l'opérateur se place derrière et tourne le dos au sujet, de manière à ce que les omoplates entrent en contact les unes avec les autres ; rester un moment dans cette attitude, puis se retirer très lentement, ou plutôt se courber lentement en avant ; si le rapport s'est bien établi entre opérateur et sujet, ce dernier ressent une attirance très forte, il se lève sur la pointe des pieds pour suivre l'inflexion que donne l'opérateur à son propre corps.

LES SUJETS INSEPARABLES

On peut varier l'expérience qui précède en la menant avec deux sujets accolés l'un à l'autre ; après un instant de contact, on pourra les inciter à se séparer, ils ne le pourront pas sans l'intervention de l'expérimontateur. Pour cela, l'opérateur n'a qu'à exécuter quelques effleurages de dégagement sur les épaules de chacun des sujets.

COMMENT PROVOQUER LA PARALYSIE MOMENTANEE D'UN MEMBRE

Pour paralyser momentanément un membre donné, prenons par exemple le bras, il suffit de faire quelques passes très lentes depuis la partie supérieure du membre jusqu'à son extrémité. Nous ne saurions trop insister sur la lenteur avec laquelle ces passes doivent être faites ; elles doivent avoir pour résultat d'engourdir complètement le membre par saturation magnétique en diminuant la sensibilité des nerfs sensitifs d'abord et en paralysant progressivement les nerfs qui donnent naissance au mouvement et qui sont dénommés pour cela nerfs moteurs.

PARALYSIE D'UN BRAS

Pour rendre bien évidente cette paralysie, il faudra conduire l'expérience de la façon suivante : mettons que ce soit un jeune homme qui puisse faire preuve d'une certaine force musculaire ; on lui fera soulever une chaise, en la prenant par le dossier, dans la position dite : à bras tendu, puis on la lui laissera reposer et, lui conservant la main crispée au dossier, on exécutera des passes lentes à très petite distance du bras, en partant du sommet de l'épaule pour finir au bout des doigts, puis on reprendra à partir de l'épaule, et l'on fera cette manœuvre, en agissant toujours en descendant, jamais en montant, et cela jusqu'à ce que l'expérimenté accuse un engourdissement nettement caractérisé. Priez-le alors

de soulever la chaise comme il le faisait il y a un instant, il sera dans l'impossibilité de le faire. En pour-
suivant un peu vos passes, vous pouvez arriver à
l'empêcher même d'ébranler seulement la chaise.

PARALYSIE D'UNE JAMBE

Pour cette expérience, agissez avec vos passes en
partant du bassin, communément appelé hanche,
jusqu'au pied ; lorsque l'engourdissement est bien
accusé, priez le sujet de marcher, il ne pourra le
faire sans boiter.

IMMOBILISER SUR PLACE DANS LA POSITION DEBOUT

Ici il sera nécessaire d'agir sur les deux membres
inférieurs. Vous aurez une action plus forte en vous
plaçant derrière le sujet et en appliquant les deux
mains sur chacune des hanches et en donnant à vos
doigts un léger tremblement comme pour favoriser
l'émission ou la projection de votre force magnétique.
L'engourdissement gagnant simultanément les deux
jambes rendra la marche impossible.

DEGAGEMENT DE LA PARALYSIE

Vous rendez immédiatement la sensibilité et la
motricité normales des membres paralysés expérimentalement en pratiquant quelques effleurages rapides de haut en bas.

Nous pourrions indiquer encore cent autres expériences du même genre, mais en voilà assez, croyons-
nous, pour donner au débutant la possibilité de s'assurer par lui-même de l'existence positive d'une force
particulière émanant de l'être humain, et cela en

dehors de toute suggestion, en dehors de toute con-
descendance amicale ou autre de sujet à opérateur.

IMPORTANTE RECOMMANDATION
POUR L'EDIFICATION DU LECTEUR

Nous ne saurions trop recommander à l'élève de
ne jamais se rebuter. Tout ce que nous disons en ces
lignes est l'expression formelle de la vérité ; tout ce
que nous y enseignons peut être mis à profit avec le
plus grand bénéfice, c'est-à-dire avec la presque cer-
titude du succès, si l'on veut se donner la peine de
poursuivre les expériences et l'étude avec un peu de
courage et de persévérance. Si une expérience ne
réussit pas une première fois, il faut l'essayer à nouveau, si l'on n'est pas parvenu à influencer une personne dès le début, on en prendra une autre. Et l'on
agira de la sorte jusqu'à ce qu'un heureux résultat
s'en suive. Tout dépend de cela. Lorsque l'élève aura
réussi une fois, il acquerra de ce fait la conviction de
ce qu'il peut faire. Il acquerra une grande confiance
en lui, et les phénomènes succèderont aux phénomènes, les succès aux succès ; parce qu'il aura déter-
miné en lui un certain état vibratoire qui est nécessaire et qui favorise grandement le résultat.

Nous le savons par notre propre expérience ; l'enthousiasme du début fait réaliser des prodiges et le
meilleur conseil que nous puissions donner à nos
élèves, en clôturant ce chapitre, c'est de tout faire
pour ne jamais laisser refroidir en eux, quoi qu'il
arrive, cet enthousiasme si nécessaire.

III

De la Suggestion et de ses effets

La Suggestion. — Sa Définition. — Son Utilité. — Ses Dangers. — Suggestion Mentale. — Suggestion verbale. — Suggestion Post-Hypnotique.

On définit sous le terme de suggestion toute idée qui, émise par un cerveau, est acceptée par un autre. (Bernheim, école de Nancy.)

Il y a deux principales sortes de suggestions : la suggestion verbale et la suggestion mentale.

La première nécessite l'emploi de la parole pour intimer un acte à exécuter ou pour faire accepter une idée déterminée ; cette sorte de suggestion est la plus couramment employée. La seconde, la suggestion mentale, est également très puissante en certains cas, mais elle demande beaucoup d'entraînement pour être pratiquée avec fruit et pour pouvoir rendre ses effets visibles. Nous ne nous en occuperons ici que comme un adjuvant du magnétisme, car nous aurons sans doute l'occasion d'en reparler. Disons aussi que suggestion mentale et transmission de pensée doivent être considérées comme les synonymes d'une seule et même chose.

La parole, le verbe, devrions-nous dire, revêt tout une gamme d'influences dont le fait suivant peut nous donner un exemple :

Nous rencontrons quelque jour un ami que nous n'avions pas vu depuis fort longtemps et, l'ayant trouvé changé à son désavantage, l'idée nous vint de

lui dire, et cela sans penser à mal faire : « Tiens,
comme tu as changé ! Tu as donc été malade ? —
Moi, mais nullement, nous répondit notre ami, et
après un brin de conversation, nous le quittâmes.
Plus loin, il fit la rencontre d'une autre personne de
sa connaissance qui lui tint les mêmes propos. Sur
ce, notre ami commence, en effet, à faire triste mine
et sitôt entré chez lui, il consulte son miroir et s'en
vient à se demander : Tiens, mais vraiment, est-ce
que je ne serais pas malade par hasard ? Voilà deux
amis qui me trouvent une figure maladive ; en effet,
je n'ai pas l'air très bien. Sur quoi notre ami rumine
cette idée pendant quelques heures, puis il prend le
lit et, le lendemain, en proie à une fièvre intense, il
fait mander le médecin. »

Il est évident qu'ici, outre que peut-être deux personnes différentes avaient pu prévoir par certains
symptômes se révélant sur la physionomie que cet
ami couvait une maladie, nous avions eu affaire à
une nature très sensitive, mais nous pourrions affirmer, sans crainte que notre évaluation puisse être
taxée d'exagération, qu'il y a bien 50 % des individus
qui peuvent être influencés de la même manière.
L'influence du moral sur le physique est si grande,
qu'en nous emparant ainsi, par une mauvaise parole,
même inconsciemment lancée, de la disposition mentale d'une personne donnée, nous pourrions créer la
maladie de toutes pièces.

Cet exemple est une expérience courante résultant
de l'usage de la parole, et ce n'est cependant pas encore de la suggestion proprement dite. On voit donc
de suite quelle puissance on possède lorsque l'on connaît un peu la clé des phénomènes naturels qui se
présentent chaque jour à nos regards.

Si la parole possède tant de force, depuis la phrase conventionnelle du « Comment allez-vous, vous avez une mine superbe ? » jusqu'à la suggestion vraie qui consiste souvent à faire accepter par un cerveau une idée tout à fait contraire à celle du moment ; de quelle puissance n'est-on pas en possession, lorsque l'on connaît au mieux son maniement ?

Il était important de faire cette petite digression sur le principe de l'influence de la parole pour que le lecteur saisisse bien par la suite le mécanisme de ce qui se passe dans l'exécution d'un acte suggéré.

Nous profitons également de ce passage pour y redire que la suggestion est, par excellence, le grand moteur des phénomènes de l'hypnotisme et que les partisans de cette science ne voient, dans tous les phénomènes catalogués sous les termes génériques de « phénomènes psychiques » qu'un effet plus ou moins direct de la suggestion et de l'auto-suggestion. Pour notre part, on le sait, nous croyons fermement que la suggestion peut être d'un très grand secours dans bien des cas où elle est employée sous la forme thérapeutique, mais aussi, notre expérience nous permet d'affirmer qu'elle n'est pas l'absolue maîtresse de tous les phénomènes dont le système nerveux est le siège. C'est un échelon, c'est un adjuvant de l'influence magnétique proprement dite. La parole est, du reste, une des formes de la puissance attractive des individus les uns vers les autres. Elle doit se conduire avec la même prudence, avec la même délicatesse que l'influence magnétique, elle est dépendante de cette dernière.

Expérimentalement, on peut se rendre compte sur le champ des effets de la suggestion de la même manière que l'on se peut prouver à soi-même l'existence de l'influence magnétique. Nous allons donner ici un exemple d'expérience simple que l'on peut réussir sur une assez grande quantité de personnes en se servant uniquement de la suggestion.

CONTRACTURE D'UN MEMBRE

Voici une expérience qu'il est assez difficile d'obtenir, à l'état de veille, par les procédés du magnétisme et que l'on obtient assez aisément par suggestion. Faites étendre horizontalement le bras à la personne que vous soumettez à l'expérience et parlez-lui en ces termes, en la regardant fixement dans les yeux, mais sans dureté ni brusquerie comme le font certains opérateurs : « Votre bras, ainsi étendu, va se raidir de lui-même... ; dans quelques instants vous sentirez vos muscles se contracter... cette contraction devenant de plus en plus forte vous rendra incapable de plier votre bras... vos muscles se raidissent... ils se raidissent très fortement... ils se raidissent encore... de plus en plus... plus le temps se passe et plus la contracture de votre bras s'accentue... bientôt vous serez dans l'incapacité totale de plier votre bras. » Et continuez, vous, opérateur, à adresser des paroles ayant une même portée suggestive que celles-ci- ? Puis, quand vous vous apercevrez que l'effet désiré se produit, vous changez un peu la formule et, donnant un point de repère à votre sujet, vous lui dites : Votre bras est maintenant complètement raidi et le plier vous sera totalement impossible ; quand j'aurai compté trois, quelque effort que vous fassiez, vous ne pourrez plier votre bras ; que cette dernière phrase soit dite avec une grande conviction et sur un ton plus énergique que pour les phrases du début ; nous recommandons, du reste, de graduer progressivement le diapason de conviction et d'énergie à mesure que les phrases se succèdent ; c'est là le propre de toute suggestion bien faite. Vous comptez alors un, en répétant : votre bras est maintenant raide, très raide... Deux, votre bras complètement contracturé ne peut plus se plier... Trois, vous êtes dans l'incapacité totale de plier votre bras. Ces trois derniers mots doivent revêtir le maximum de conviction et être dits sur le ton du commandement qui défend d'exécuter l'acte.

Nous avons donné cet exemple comme modèle-type de suggestion expérimentale, aussi ne croyons-nous pas utile de nous appesantir plus longuement sur toute une série d'expériences que l'on peut réaliser de la même manière en variant tout simplement les mots et les phrases. Indiquons simplement que l'on peut ainsi obtenir la liaison des mains du sujet avec incapacité de les délier. L'ouverture de la bouche, avec impossibilité de la fermer. La fermeture des yeux, avec incapacité de les rouvrir seul, l'impossibilité de dire son nom, de parler sans bégayer, de lever un bras ou de l'abaisser, et mille autres expériences que l'on voit faire partout par les hypnotiseurs publics.

Disons aussi que l'on pourra, de la sorte, répéter à l'aide de la suggestion, la plupart des expériences relatées dans notre chapitre traitant de l'action du magnétisme à l'état de veille. Mais, bien entendu, ce dernier mode de procéder n'offre pas un caractère aussi irrécusable en faveur d'une force vraie émanant de l'opérateur, car l'on peut supposer que le sujet, prévenu par nos paroles, nous obéit pour ne pas nous déplaire, ou mieux même, si l'on fait des séances de démonstrations, les assistants auront de suite l'impression qu'il y a entente entre l'expérimentateur et le sujet pour produire le phénomène.

Malgré ces restrictions, soyez persuadés, lecteurs ou élèves, que la suggestion est très utile en maintes circonstances ; et cette utilité se montre surtout incontestable dans l'application de la suggestion à la thérapeutique.

DEUX METHODES EN UNE

Outre les résultats produits, d'un côté par la force magnétique, de l'autre par la puissance de la suggestion, on peut, en alliant ces deux modalités d'influences diverses, quoique analogues dans leurs effets, obtenir des résultats beaucoup plus prompts et aussi plus durables. Un seul exemple suffira pour démontrer d'une manière péremptoire ce que nous voulons dire.

Supposons que nous désirions provoquer avec une personne donnée l'expérience classique de « l'attraction aux épaules » par le procédé magnétique et qu'au bout d'un certain temps nous nous apercevions que la personne expérimentée est peu sensible à notre action ; nous unirons alors à nos gestes quelques paroles « suggestives », c'est le cas de le dire, mettant ainsi les deux forces en parallèle, nous obtiendrons le phénomène qui ne pourrait se produire avec un seul procédé.

Voici comment conduire cette expérience : Appliquant vos mains sur les omoplates du sujet, lequel doit se trouver dans l'état de relâchement voulu, nous lui dirons : D'ici quelques instants vous allez ressentir une certaine chaleur à l'endroit où posent mes mains et, quand je retirerai mes mains, vous vous sentez attiré vers moi très violemment. L'expérience étant bien conduite, le sujet cédera à l'attraction, alors que le procédé magnétique et la suggestion, pris séparément, n'avaient donné aucun ou qu'un faible résultat.

SUGGESTION DU GESTE

C'est encore un autre mode de suggestion, basé sur un phénomène d'imitation assez naturel chez l'être humain qui a souvent comme objectif de faire ce que le voisin fait, ou de se conduire comme celui-ci se conduit. Il est inutile que nous insistions longuement sur ce sentiment instinctif qui a fait créer la légende des moutons de Panurge ; l'un d'eux se jette à la rivière, les autres le suivent. Expérimentalement, nous aurons un exemple de ce qu'est la suggestion du geste par cette expérience.

AUTOMATISME ROTATOIRE

L'opérateur se place devant le sujet avec lequel il a réussi plusieurs bons essais de suggestions verbales et, captant son attention en le regardant dans les yeux — sans trop de fixité, nous insistons — il tournera ses bras l'un autour de l'autre, comme en un mouvement de manivelle ; au bout de quelques instants, sans qu'il soit nécessaire de proférer un mot, le sujet répétera le même geste automatiquement et par esprit d'imitation.

Avec la même aisance on fera marcher, courir, sauter, se moucher, retirer son vêtement, etc... Voilà de la suggestion du geste.

SUGGESTION POST-HYPNOTIQUE

Disons encore un petit mot qui ne sera pas déplacé dans ce chapitre traitant de la suggestion.

On entend souvent parler, lorsqu'on s'occupe un tant soit peu des questions psychiques, de suggestions « Post-Hypnotiques ». Qu'est-ce encore que ce nouveau terme ?

Hypnose est un mot qui signifie « sommeil ». Le mot Post, lui, veut simplement dire « après ». La suggestion post-hypnotique sera donc une suggestion qui, dictée pendant le sommeil, est destinée à s'accomplir après celui-ci, c'est-à-dire une fois le réveil obtenu.

Ces sortes de suggestions peuvent être à brèves ou à longues échéances. Elles sont à brève échéance lorsqu'elles sont faites pour être exécutées dès le réveil, ou à quelques minutes et même à quelques heures de là. Elles sont à longue échéance lorsqu'elles doivent être suivies d'exécution à une date plus ou moins éloignée, date pouvant varier de un jour à un mois, une année et peut-être plus. Voici un exemple de suggestion post-hypnotique :

Nous sommes parvenus à endormir un sujet ou à le plonger dans un certain état de somnolence — voir chapitre suivant — alors nous lui disons : « Dix minutes après votre réveil, l'idée vous viendra de sortir pour m'acheter un bouquet de fleurs. Cette idée vous viendra tout naturellement, comme si elle avait été générée dans votre propre cerveau. Vous n'aurez aucune hésitation à faire cela, vous le ferez ; et l'on insiste affirmativement sur ces paroles en terminant par la phrase du début : dix minutes après votre réveil, l'idée vous viendra de sortir pour m'acheter

un bouquet de fleurs. » On réveille alors le sujet
et l'on tâche d'attirer son attention sur toute autre
chose. Lorsque les dix minutes sont atteintes, le sujet
redevient pour un instant un être inconscient, il sort
et va chercher le bouquet qu'il rapporte sans trouver
rien d'extraordinaire à son geste.

IV

Comment produire le Sommeil Magnétique ?

On ne peut endormir tout le monde. — Certains sujets s'endorment spontanément. — Détermination du Sommeil par « Passes Magnétiques ». — On peut s'aider de la Suggestion. — A quoi reconnaît-on le Sommeil ? — Ce qui peut se produire au cours d'une expérience. — Différenciation des états de Sommeil. — L'état de Suggestion. — L'état de Catalepsie. — Le Somnambulisme. — La Léthargie. — Le Réveil. — Pour développer la clairvoyance.

Jusqu'ici nous ne nous sommes occupés que des
phénomènes simples du magnétisme et de la suggestion ; des phénomènes ayant leur cours pendant l'état
de veille complet. Abordons à présent la question
plus ardue du sommeil provoqué. Mais, avant de

pénétrer plus avant cette question, ce que nous re-
commanderons par dessus tout à l'élève qui cher-
chera à produire le sommeil chez une personne anté-
rieurement reconnue sensible, c'est de se servir des
moyens les plus doux possibles pour commencer, et
de graduer petit à petit les procédés selon la sensibilité du sujet d'abord et ensuite selon les manifestations obtenues. Nos indications seront du reste assez
précises à cet effet.

La première question qui se pose est celle-ci :
Peut-on endormir tout le monde ? Nous répondrons
immédiatement : Non. Peut-on au moins endormir
beaucoup de personnes ? Si nous comprenons le sommeil depuis la passivité déterminée par une certaine
somnolence jusqu'aux états les plus profonds de
l'hypnose, nous répondrons que le nombre des personnes susceptibles d'être endormies est assez grand
puisqu'il atteint 25 à 30 %. Mais sur cette quantité,
quelques-unes seulement, 3 à 6 %, sont susceptibles
de présenter qui toute la série des phénomènes que
nous décrirons dans un instant, qui des phénomènes
spéciaux et néanmoins très intéressants.

Nous avons dit dans un précédent chapitre que
tout le monde était susceptible d'être influencé peu
ou prou par le magnétisme en supposant que l'on
puisse sacrifier un assez long temps sur certains qui
paraîtraient réfractaires au premier abord. Mais il
ne s'ensuit pas que, sous prétexte que la plupart des
gens peuvent éprouver les sensations que procure la
magnétisation, il ne s'ensuit pas de ce fait que tous
puissent être aussi facilement endormis. Ajoutons
donc que le sommeil est pour ainsi dire un accident
et qu'il n'est pas utile de l'obtenir pour prouver la
réalité du magnétisme. Néanmoins, il est bon que

nous donnions à nos élèves les indications nécessaires pour le développer et le conduire au cas où ils le rencontreraient inopinément dans leurs expériences.

D'une manière générale les personnes ayant éprouvé une grande sensibilité dans les expériences de l'état de veille, celles avec lesquelles on a réussi toute la série de nos expériences du début et cela dès les premiers essais, peuvent être assez facilement plongées dans le sommeil. Il arrive même parfois, quand on a devant soi un grand sensitif, de le voir s'endormir subitement dans vos bras alors que l'on essaie simplement l'attraction aux épaules. Ce fait s'explique de la façon suivante : Le sujet étant réceptif et l'opérateur se faisant actif, le premier aspire tout d'une traite et cela inconsciemment bien entendu, toute la force magnétique du second ; il s'en imprègne et s'endort par sursaturation. En pareil cas, si ce n'est pas le sommeil que l'on cherche, on fera bien de réveiller immédiatement le sujet en le dégageant par des passes transversales ou le souffle froid très vigoureux sur le front et entre les deux yeux ; et, si l'on veut à nouveau tenter d'endormir le sujet qui vient de se révéler si sensible, on le fera préalablement asseoir dans un fauteuil ou tout au moins sur une chaise confortable, et on l'endormira en passant lentement les mains à quelques centimètres de son corps en partant de la tête jusqu'au creux de l'estomac (épigastre) et l'on recommencera rythmiquement le même mouvement en repartant de la tête et même d'un peu au-dessus de la tête, pour redescendre à l'estomac ; cette manœuvre devra être faite jusqu'à occlusion des paupières ou manifestation d'un symptôme quelconque du sommeil, symptômes dont nous donnons la description technique plus loin. Cette façon d'endormir se dit : « Provoquer le sommeil par passes magnétiques ».

Le plus souvent, ce que l'on déterminera pour les premières fois ne sera guère qu'une somnolence plus ou moins accusée ou profonde et qui aura besoin d'être cultivée pour arriver à présenter les phénomènes intéressants du sommeil provoqué. Mais il peut se faire aussi que l'on se trouve en face d'une sorte de sommeil demi-lucide dans lequel le sujet parlera et s'animera comme s'il était éveillé, et alors même que ses yeux seront hermétiquement clos. On aura affaire, en ce cas, soit au somnambulisme vrai, soit à un état somnambuloïde que l'on pourra développer ensuite sous le rapport de la lucidité ou voyance, sans le secours des yeux. Mais n'anticipons pas et donnons quant à présent un des meilleurs moyens de provoquer le sommeil, ainsi que la description technique des différents états qui peuvent se présenter au cours de son développement.

Les procédés que nous recommandons de préférence pour l'induction au sommeil sont, nous le répétons, les procédés magnétiques, c'est-à-dire les procédés les plus doux en même temps que les plus pénétrants. C'est du reste à l'aide de ces procédés que l'on obtient les phénomènes les plus subtils et les plus probants (voir notre étude sur les *Etats et les Phases du Sommeil provoqué*, 1 fr. 25 ; voir aussi *Comment on développe un Sujet*, prix 1 fr. 50, à la Librairie de la *Vie Mystérieuse*). Et en première ligne nous placerons les « passes » dont nous avons déjà parlé. On essaiera donc le petit procédé décrit plus haut pendant 20 à 30 minutes chaque séance, en ayant soin d'opérer autant que possible aux mêmes heures du jour et dans les mêmes conditions atmosphériques ; on aura en outre soin de n'expérimenter que dans une pièce où la température est modérée, ni froide ni trop chaude : 18 à 20 degrés est le mieux.

Si les passes ne suffisaient pas on pourrait, après quelques séances infructueuses, s'aider de la suggestion douce, ce que nous pourrions appeler de la persuasion. La manière de faire serait alors celle-ci : En exécutant vos passes vous direz, par exemple : Le sommeil vous gagne... Vous ne pouvez plus résister à la fatigue... Votre tête est lourde et s'alourdit de plus en plus... Votre cerveau vous semble se vider... Vous allez, dans peu de temps, dormir d'un sommeil profond... Dormez tranquillement... Toujours de plus en plus profondément... Ces paroles doivent être dites sur un ton lent, doux et persuasif. En aucun cas, nous ne recommandons de se servir de la suggestion pure et simple pour provoquer le sommeil. La grande suggestion demande trop d'études et présente trop de dangers pour que le premier opérateur venu puisse en jouer sans risques.

Après quelques instants de l'exercice que nous venons de décrire -- instants qui peuvent varier entre 10 et 20 minutes, selon la sensibilité du sujet, et temps pendant lequel vous aurez modifié vos suggestions selon leur effet et selon les symptômes observés — si vous croyez avoir devant vous un être endormi, assurez-vous-en en essayant de le pincer ou de le piquer. S'il ne bronche pas, malgré la surprise que vous tenterez de lui faire, c'est qu'il y a déjà chez lui une modification d'ordre physiologique. Continuez un moment votre action, en chargeant de préférence la tête et ce, en faisant des courtes passes, partant de la racine du nez, pour vous arrêter au nœud

de la gorge. Puis, prenant ensuite les parties latérales
de la tête, et partant du sommet, descendez jusqu'au
dessous des oreilles. Constatez encore une fois la sensibilité par piqûres ou pincements. Répétez cette manœuvre pendant 5 à 10 minutes, et s'il n'y a pas
manifestations d'une sensation perçue, interrogez
votre sujet pour connaître dans quel état il se trouve.
Votre questionnaire peut affecter cette forme :
« M'entendez-vous ? » Et selon réponse, dites : « Comment vous trouvez-vous ? N'avez-vous rien qui vous
gêne ? Savez-vous où vous êtes ? Avez-vous conscience
de ce que vous faites ? Quel est votre nom ?... etc. »

Il peut alors se produire trois choses : 1° Ou le
sujet ne dort pas encore, et il vous accuse ses sensations, ce qui vous permet de voir si vous devez conti-
nuer votre action avec chance de succès, le sujet pouvant vous dire s'il a tendance à oublier sa person-
nalité et à s'endormir d'un sommeil dont il n'a pas
coutume ; 2° Ou bien, en second lieu, le sujet a perdu
la notion de toutes choses et il ne vous entend pas,
il peut alors se trouver dans une léthargie ou dans
un état léthargoïde quelconque, car les phénomènes
ne sont pas toujours nets du premier coup ; ou bien
encore, il se trouve dans une phase plus ou moins
avancée du sommeil qu'il importe de déterminer et
qu'il vous sera relativement aisé de changer en ma-
gnétisant davantage ou en réveillant doucement de
manière à trouver un stade de la somnolence qui
vous permette d'entrer en rapport par la parole avec
le dormeur ; 3° Ou bien encore, en troisième occu-
rence, votre sujet se trouve dans un des états bien
déterminés du sommeil où il peut vous entendre et
vous répondre, ou, encore, il ne vous entend pas,
mais son corps a pris une certaine attitude, sa phy-

sionomie a pris telle ou telle expression. Vous saurez alors quel état est devant vous en vous reportant au petit tableau suivant qui vous donne les caractéristiques des principaux états du sommeil provoqué :

L'ETAT DE SUGGESTION

Cet état s'appelle aussi « état suggestif, état de crédulité, état de charme, somnambulisme éveillé, veille somnambulique ». Il est caractérisé par ceci : le sujet paraît éveillé, l'œil est ouvert, ou il peut s'ouvrir au commandement de l'opérateur. Il y a insensibilité à la piqûre, au pincement et à la brûlure. Le sujet peut parler et se mouvoir ; il accepte comme argent comptant toutes les suggestions qui lui sont faites et leur donne une suite si elles comportent l'exécution d'un ordre quelconque. Les suggestions peuvent porter indifféremment sur tous les organes des sens ; elles peuvent être visuelles, auditives, gustatives, olfactives ou tactiles.

1° On fait voir au sujet un jardin imaginaire, il le voit aussi bien que s'il était réel ;

2° On lui fait entendre une musique alors qu'aucun instrument ne joue, le sujet écoute et suit une cadence rythmique imaginaire ;

3° On fait boire de l'eau pour du rhum, ou tout autre liquide pour un autre sur simple affirmation ;

4° On dit au sujet qu'il se brûle s'il plonge la main dans un récipient d'eau, il le croit et il éprouve une sensation de brûlure en approchant le doigt du liquide ;

5° On fait respirer de l'ammoniaque au sujet en lui disant que c'est de l'essence de rose, et il hume à plein nez sans être incommodé et croit vraiment sentir une odeur de rose.

LA CATALEPSIE

La catalepsie est caractérisée par l'immobilité du sujet ; celui-reste comme pétrifié dans la position qu'il occupe. Les yeux sont grands ouverts, le regard est fixe. Le sujet est totalement insensible aux actions exercées sur son corps. Les membres, quand on les déplace, sont extrêmement souples et restent dans l'attitude qu'on leur donne. Le sujet n'entend pas ou presque pas et ses yeux, quoique ouverts, ne voient point.

LE SOMNAMBULISME

En somnambulisme le dormeur est toujours insensible, comme dans les autres états ; ses yeux sont clos ; il entend et il peut se mouvoir, se lever, marcher, s'asseoir. Au point de vue psychologique, le sujet en somnambulisme est doué de facultés plus vives qu'à l'état de veille. C'est ici qu'on peut observer la clairvoyance ou double vue, c'est-à-dire la vue sans le secours des yeux ; vue à distance dans le temps et à travers l'espace, etc.

LA LETHARGIE

En léthargie tous les sens : vue, ouïe, odorat, etc., sont fermés. Les membres sont souples, flasques et sans vie. Lorsqu'on les soulève ils retombent inertes, obéissant aux lois de la pesanteur. L'insensibilité de la peau est complète et généralisée. Les organes des sens ne réagissent plus. Seuls les muscles, chez certains bons sujets, se contractent sous une légère excitation.

Nota. — On trouvera des détails plus amples sur ces différentes caractéristiques dans notre étude spéciale sur *Les États et les Phases du Sommeil*, ouvrage déjà cité.

LE RÉVEIL

Quelque état que l'on ait devant soi, on obtiendra facilement le réveil en employant les passes transversales et le souffle froid sur les yeux selon la méthode indiquée dans un précédent chapitre, au paragraphe intitulé « Du Dégagement » ; on devra ici suivre nos instructions rigoureusement à la lettre.

Si, malgré les passes transversales et le souffle froid le sujet ne se réveillait pas, il faudrait avoir recours à des procédés un peu plus violents. La suggestion forte, par exemple, pourra trouver son emploi ici. On dira au dormeur, sur un ton énergique : « Réveillez-vous ; vous avez assez dormi, réveillez-vous ! » Et l'on peut, si le sujet entend la voix de l'opérateur, donner un point de repère en disant : « Quand je frapperai dans mes mains, vous vous éveillerez et vous serez tout à fait dispos ». On attend alors quelques secondes et l'on frappe dans ses mains en criant énergiquement : « C'est fini, réveillez-vous. » Et l'on assure le réveil complet en suivant nos prescriptions relatives au dégagement des sujets en expériences d'état de veille.

Au cas très rare où le dormeur résisterait et dormirait encore, on le réveillerait d'un trait en l'appelant à plusieurs reprises et très fortement par son prénom. Ce moyen suprême rappelle immédiatement à la réalité le moi pensant de l'individu qui dort.

QUELQUES INDICATIONS POUR DEVELOPPER LA CLAIRVOYANCE

La première expérience qu'un débutant voudra

tenter aussitôt qu'il aura trouvé un sujet susceptible de lui présenter le sommeil, et qu'il aura reconnu avoir bien affaire à un sommeil vrai, et non à un phénomène simulé, ce sera de faire voir son sujet à distance. Cette expérience réussit bien parfois qui consiste à envoyer le dormeur ou la dormeuse chez un parent ou chez un ami pour voir ce que celui-ci ou celui-là fait au moment même. Mais il n'y a pas là de contrôle suffisant, et les descriptions faites, quand elles paraissent justes, peuvent très bien n'être que des concordances ; aussi faudra-t-il renouveler souvent ces essais avant de pouvoir conclure pour la lucidité du sujet. Pour développer la lucidité sur place, il sera bon de remettre entre les mains du sujet des lettres, des chiffons, des objets les plus divers et appartenant à des personnes différentes. L'élève lucide devra s'habituer à sentir d'abord, puis à définir ses impressions.

Au début il lui faudra voir quand un objet appartient à un monsieur ou à une dame, cela en dehors de toute indication pouvant être fournie par la nature même de l'objet ; tout le monde peut savoir par exemple qu'une lettre ou un mouchoir parfumé appartiennent le plus souvent à une dame ; ce n'est donc pas de ces indications qu'il doit s'agir dans les descriptions faites par le sujet voyant et on fera bien d'éviter pour commencer tout ce qui peut donner lieu à une interprétation fantaisiste de sa part.

Quand le ou la somnambule saura différencier ce qui vient d'une dame de ce qui vient d'un homme, il devra pouvoir préciser, ou du moins s'habituer à le faire, si telle personne entrevue est grande ou petite, brune ou blonde, puis quels peuvent être ses sentiments, sa profession, sa situation, etc. Et, du reste,

si l'on a devant soi un voyant véritable, cette différenciation se fera très rapidement, le sujet étant
grandement aidé dans ses recherches par les tableaux
qui ne manqueront pas de se présenter à sa vue in-
térieure, tableaux qui peuvent être fixes comme une
projection simple sur l'écran ou mobiles comme dans
un cinématographe. Parfois aussi, le plus souvent
même, les tableaux entrevus sont symboliques
comme les rêves et, en ce cas, l'explication des visions demande une connaissance approfondie et une
étude de tous les instants si l'on ne veut courir les
risques de faire des descriptions ou des interpréta-
tions erronées, et parfois même tout à fait en désac-
cord avec ce qui est réellement. Et, eu égard à cela,
on peut certainement dire que les voyants et voyantes
ont des visions réelles et lorsqu'ils annoncent certains
événements, ils le font le plus sincèrement du monde.
Mais le grand point est que, le plus souvent, ils in-
terprètent à rebours les tableaux qui se présentent
dans la sphère de leur lucidité. Il est bien évident
qu'ici nous ne prenons nullement la défense de certains professionnels qui ne font que du « métier » et
nullement de la science.

Nous arrêtons là ce chapitre, quoique nous sa-
chions très bien qu'il y aurait encore beaucoup à
dire, mais nous sommes limités par l'espace et ce
r'est pas une étude détaillée du somnambulisme et
des phénomènes de clairvoyance que nous avons
l'intention de faire en ces lignes. Ce que nous souhai-
terons à nos lecteurs, en clôturant ce chapitre, c'est
de rencontrer quelque jour un excellent sujet clair-
voyant. Cela finira certainement d'asseoir leur conviction, Mais, oh ! ce mais est capital, lecteur ou
élève, nous t'en prévenons, ne vas jamais te fier aveu-

glément à ce que te dira ton ou ta somnambule : observe, contrôle, fais des rapprochements ; admire la nature et son œuvre en la manifestation de l'âme humaine se révélant à toi dans les phénomènes du magnétisme, et sois prudent, et ne base ta vie que sur ta logique et ta propre raison.

NOTRE DERNIER MOT

Nous clôturons ici cet exposé rapide quoique très substantiel, croyons-nous. Nous osons espérer que nos lecteurs en tireront grand profit pour leur avancement moral, et qu'à la pratique, qu'à l'exercice, qu'à l'étude de la science expérimentale que nous ne craignons pas de leur mettre entre les mains, ils verront s'ouvrir devant eux des horizons nouveaux et vastes qui les inciteront à rechercher plus avant dans les sentiers non encore battus par l'intelligence investigatrice des penseurs, des philosophes et des expérimentateurs de notre temps.

Pour nous, s'il en est ce que nous désirons, nous conserverons l'intime satisfaction d'avoir été pour une quantité infinitésimale dans l'avancement vers l'idéale évolution des lecteurs qui auront bien voulu nous suivre.

Table des Matières

I

	Pages
Coup d'œil hi torique et exposé rapide de la question	3
Le Magnétiseur, ce qu'il doit être	9
Les sujets d'expériences	11
Les sensitifs	12
Expériences indirectes	14
Expériences directes	16
L'attraction aux épaules	16
Le procédé de la nuque	18
Le procédé des Lombes	19
Sensibilité des tempes	19
Attraction du petit doigt	20

II

Les expériences de magnétisme à l'état de veille...	21
L'attraction à distance	22
Attraction à travers les corps opaques	23
Impression de recul	23
La marche entravée	24
Agenouillement forcé	24
Immobilisation dans la position à genoux	25
Couché à plat	25
Obliger un sujet à s'asseoir contre sa volonté	25
Immobiliser dans la position assise	26
Du dégagement	26
La lévitation des mains	27
Le dos à dos de du Potet	27
Les sujets inséparables	27
Comment provoquer la paralysie momentanée d'un membre	28
Paralysie d'un bras	28
Paralysie d'une jambe	29
Immobiliser sur place dans la position debout	29
Dégagement de la paralysie	29
Importante recommandation pour l'édification du lecteur	30

III

	Pages
De la suggestion et de ses effets	31
Expériences de suggestion. Contracture d'un membre	34
Deux méthodes en une	36
Automatisme rotatoire	37
Suggestion post-hypnotique	38

IV

Comment produire le Sommeil magnétique	39
L'état de suggestion	45
La catalepsie le somnambulisme la léthargie	46
Le Réveil. Indications pour développer la clairvoyance	47
Notre dernier mot	50

Librairie de la VIE MYSTÉRIEUSE

174, Rue Saint-Jacques — PARIS
═══ TÉLÉPHONE : 820-99 ═══

⁂

LES RAPPELS, LES TRUCS ET LES FANTAISIES DE LA MÉMOIRE, par le professeur *Dack*. Procédés méthodiques pour développer la mémoire, retenir facilement les noms, les dates et n'importe quel nombre, se divertir soi-même et distraire une société sans aucun effort cérébral. Utile à tous, indispensable à ceux qui ont besoin ou qui désirent faire montre d'une mémoire prodigieuse .... 2 fr. »

COURS PRATIQUE DE MAGIE, par le professeur *Donato*. Ouvrage conçu sur un plan absolument nouveau et qui met à la portée de toutes les intelligences les délicats problèmes de l'Occulte et de la Magie. Se recommande aux chercheurs de toutes conditions .... 4 fr. »

MAGNETISME PERSONNEL, par *H. Durville*. Education de la pensée. Développement de la Volonté. Pour être heureux, Fort, Bien Portant et Réussir en tout. Vol. rel. souple, 3ᵉ édition, avec Têtes de Chapitres, Vignettes, Portraits et 32 Figures.... 10 fr. »

LE FANTOME DES VIVANTS, du même auteur. Anatomie et Physiologie de l'Ame. Recherches expérimentales sur le Dédoublement des Corps de l'Homme. Volume de 260 pages, avec 10 Portraits et 32 Figures. Reliure artistique souple............ 5 fr. »
Ouvrage très remarquable démontrant qu'il y a en nous deux principes : la Forme et la Vie, la Matière et la Force, le Corps et l'Ame, l'Homme visible et son Double invisible.

LES PHASES DU SOMMEIL PROVOQUE, par *Fernand Girod*. Etude des plus documentées sur les manifestations du sommeil magnétique et les phénomènes du somnambulisme lucide.. 1 fr. »

POUR FAIRE DES EXPERIENCES sur l'Extériorisation de la Sensibilité, le Dédoublement du corps humain, la Lecture à distance sans le secours des yeux, par *Fernand Girod*.
Ce nouveau recueil d'études se recommande de lui-même à l'attention des chercheurs que passionnent les troublants phénomènes du magnétisme transcendant..................... 1 fr. 50

POUR DEVELOPPER UN SUJET, Journal du développement magnétique de Mlle Edmée, par *Fernand Girod*.
Les feuillets du journal de ce développement constituent un bon livre de lecture ; c'est aussi un bon ouvrage d'enseignement dans lequel le chercheur pourra puiser des indications utiles pour le maniement des sujets d'expériences.
Comme tous les ouvrages du même auteur, nous recommandons ce dernier pour sa parfaite sincérité. Un vol...... 1 fr. 50

POUR-PHOTOGRAPHIER LES RAYONS HUMAINS, par *Fernand Girod*. Exposé historique et pratique de toutes les méthodes concourant à la mise en valeur du rayonnement fluidique humain. Un très beau livre avec plus de 50 photogravures. 3 fr. 50

⁂

La Librairie de la VIE MYSTÉRIEUSE expédie tous ces ouvrages contre leur montant, augmenté de 0 fr. 25 pour le port.

www.ingramcontent.com/pod-product-compliance
Lightning Source LLC
LaVergne TN
LVHW022159080426

835511LV00008B/1468